LES AGES,

BALET

REPRESENTÉ POUR LA PREMIERE FOIS PAR L'ACADEMIE ROYALE DE MUSIQUE,

Le Dimanche neuf Octobre 1718.

Le prix est de trente sols.

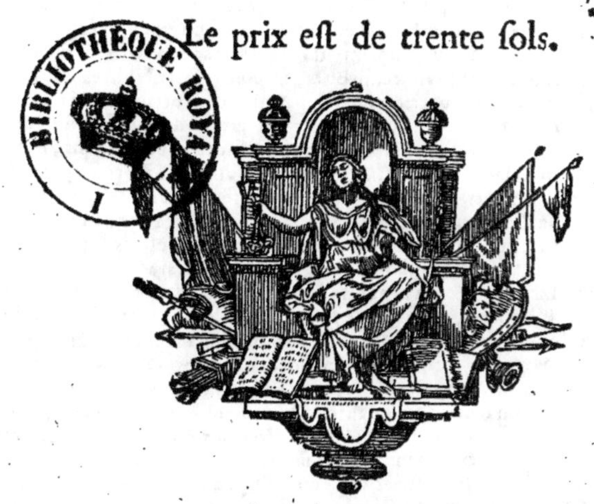

A PARIS,

Chez PIERRE RIBOU, seul Libraire de l'Académie Royale de Musique, Quai des Augustins, à la quatriéme Boutique en descendant du Pont-Neuf, à l'Image S. Loüis.

MDCCXVIII.

Avec Approbation & Privilege du Roi.

PRIVILEGE DU ROY.

LOUIS par la grace de Dieu Roi de France & de Navarre: A nos amés & Feaux Confeillers les gens tenans nos Cours de Parlement, Maîtres des Requêtes ordinaires de notre Hôtel, Grand Confeil, Prevôt de Paris, Baillifs, Senechaux, leurs Lieutenans Civils, & autres nos Justiciers qu'il appartiendra, Salut. Les Sieurs Befnier Avocat en Parlement, Chomat, Duchefne, & de la Val de S. Pont, Bourgeois de notre bonne ville de Paris, Nous ont fait remontrer, qu'en confequence de l'Arrêt de notre Confeil du 12. Decembre 1712. du Traité fait entre eux & les Sieurs de Francine & Dumont le 24. defd. mois & an, & de nos Lettres Patentes du 8. Janvier enfuivant, confirmatives du Traité, ils auroient acquis le Privilege de faire reprefenter les Opera durant le tems de vingt années, à compter du 20. Aout 1712. ainfi que le Privilege de la vente des paroles defd. Opera, lefquelles ils defireroient faire imprimer pour les donner au Public, s'il Nous plaifoit leur accorder nos Lettres de Privilege fur ce neceffaires. A CES CAUSES defirant favorablement traiter les Expofans, attendu les charges dont l'Académie Royale de Mufique fe trouve oberée, & les grandes depens qu'il convient de faire tant pour l'impreffion que pour la gravure en taille-douce des planches dont ce Livre fera orné, Nous leur avons permis & permettons par ces Prefentes de faire imprimer & graver les Paroles & la Mufique, de tous lefd. Opera qui ont été ou qui feront reprefentées par l'Académie Royale de Mufique, tant feparément que conjointement, en telle forme, marge, caractere, nombre de volumes & de fois que bon leur femblera, & de les faire vendre & debiter par tout notre Royaume pendant le tems de dix-neuf années confecutives, à compter du jour de la datte defdites Prefentes. Faifons defenfes à toutes perfonnes, de quelque qualité & condition qu'elles puiffent être, d'en introduire d'impreffion étrangere fans aucun lieu de notre obeïffance, & à tous Imprimeurs, Libraires, Graveurs, & autres, d'imprimer, faire imprimer, vendre, faire vendre, debiter, ni contrefaire lefdites impreffions, planches & figures, en tout ni en partie, fans la permiffion expreffe & par écrit defd. Sieurs Expofans, ou de ceux qui auront droit d'eux, à peine de confifcation des exemplaires contrefaits, de fix mille liv. d'amende contre chacun des contrevenans, dont un tiers à nous, un tiers à l'Hôtel-Dieu de Paris, l'autre tiers aufdits Sieurs Expofans & de tous dépens, dommages & interèts, à la charge que ces Prefentes feront enregiftrées tout au long fur le Regiftre de la Communauté des Imprimeurs & Libraires de Paris, & ce dans trois mois de la datte d'icelles, que la gravûre & impreffion defdits Opera fera faite dans notre Royaume & non ailleurs, en bon papier & en beaux caracteres, conformément aux Reglemens de la Librairie, & qu'avant de les expofer en vente il en fera mis deux Exemplaires dans notre Bibliotheque publique, un dans celle de notre Château du Louvre, & l'autre dans celle de notre trés-cher & feal Chevalier Chancelier de France le Sieur Phelypeaux Comte de Pontchartrain, Commandeur de nos Ordres, le tout à peine de nullité des Prefentes : du contenu defquelles vous mandons & enjoignons de faire joüir lefd. Sieurs Expans, ou leurs ayans caufe, pleinement & paifiblement, fans fouffrir qu'il leur foit fait aucun trouble ou empêchement. Voulons que la copie defdites Prefentes, qui fera imprimée au commencement ou à la fin defd. Opera, foit tenuë pour düement fignifiée, & qu'aux copies collationnées par l'un de nos amés & feaux Confeillers & Secretaires foit foit ajoûtée comme à l'Original. Commandons au premier notre Huiffier ou Sergent de faire pour l'execution d'icelles tous actes requis & neceffaires; fans demander autre permiffion, & nonobftant Clameur de Haro, Charte Normande, & Lettres à ce contraires: Car tel eft notre plaifir. Donné à Verfailles le 20. jour d'Août l'an de Grace 1713. & de notre Regne le foixante-onziéme. Par le Roi en fon Confeil. Signé BESNIER avec paraphe, & fcellé.

Nous avons cedé à M. Ribou le prefent Privilege fuivant le Traité fait avec lui le 17. Juillet dernier 1713. A Paris le 22. Aout 1713. Signé, BESNIER.

Regiftré fur le Regiftre avec la Ceffion n. 3. de la Communauté des Libraires & Imprimeurs de Paris, page 648. n. 731. conformément aux Reglemens, & notamment à l'Arrêt du 13. Août 1703. Fait à Paris ce 11. Septembre 1713. L. JOSSE, Syndic.

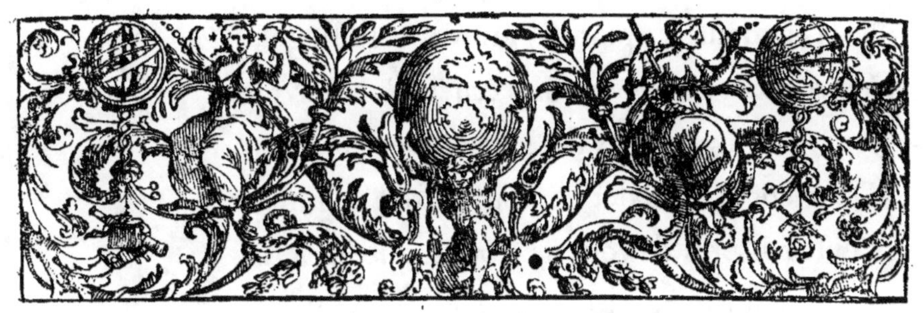

A

SON ALTESSE ROYALE

MADAME.

PRINCESSE, transporté de l'ardeur de
vous plaire,
J'entreprends un deſſein, peut-être témeraire :
Par Thalie inſpiré j'ai raſſemblé les Jeux,
Momus m'a conduit ſur leurs traces,
J'ai tâché d'y joindre les Graces,
Je ne ſçai ſi j'ai fait cet aſſemblage heureux.

a ij

Je n'en douterai plus si j'ai votre suffrage,
Votre goût est le port ou l'écuëil d'un Ouvrage :
        Jamais à faux il n'en marque le prix ;
D'un comique Balet je vous offre l'hommage,
Puisse-t il près de vous ne trouver que les Ris.
        Si par hazard quelqu'un s'étonne
Du Don que je vous fais ; ce quelqu'un ne conçoit
Qu'un Tribut se mesure au mortel qui le donne,
        Non pas au Dieu qui le reçoit.
Je pourrois bien, séduit par un zele incommode,
Quoique sûr d'éviter tous les sentiers battus,
        Du Panegyrique, & de l'Ode,
Vous ennuyer, P R I N C E S S E, en comptant vos Vertus.
On ne peut s'en sauver, fût-on Horace ou Pline,
Il faut toujours cacher l'encens qu'on vous destine :
La fiere Calliope en marchant sur vos pas
        N'ose sonner de sa trompette,
Quel est donc aujourd'hui le but que je projette ?
Je veux vous divertir, je ne vous loürai pas.

F U Z E L L I E R.

AVERTISSEMENT.

ON verra dans ce Balet, que j'ai cru que Thalie avoit des droits sur la Musique aussi bien que Melpomene. Je ne ferai pas une longue Dissertation pour prouver que le genre comique n'est pas incompatible avec les beautés de l'harmonie. Si le Balet des Ages que je presente au Public le divertit, mon projet est justifié; si la Piéce n'a pas le bonheur de plaire, mon Apologie seroit pour moi un nouveau crime, & pour mes Lecteurs une surcharge d'ennui. Je déclare aux Délicats de profession, aux beaux Esprits Grammairiens, & aux Niveleurs des Plans Dramatiques, que je n'ai prétendu donner qu'un tissu de Maximes enjoüées, liées par un intrigue legere, qui pût occasionner des Airs gracieux & des danses variées: C'est ce me semble, ce qui doit constituer le fonds d'un Balet. Je sçai que je cours risque de déplaire à ces tristes Voluptueux qui n'aiment que les plaisirs graves, qui veulent qu'Apollon ne paroisse pas un seul instant sans son coturne, que les Muses soient toujours en habit de cérémonie, &

ne leur permettent jamais les graces du deshabiller. Enfin, qui ont fait vœu de n'être touchés dans un Opera que de ces Morceaux patétiques que le dépit & la colere chantent quelquefois avec tant de méthode & de propreté Je me consolerai tres-aisément de leur censure la plus aigre, si le Public ne l'adopte pas : Je demande seulement aux Critiques plus judicieux & moins passionnés, la grace de se souvenir de mon intention, en examinant mon Ou_vrage, & de ne pas me punir trop severement d'avoir craint de les ennuyer.

ACTEURS & ACTRICES CHANTANS
dans tous les Chœurs du Prologue & du Balet.

COSTE' DE LA REINE.	COSTE' DU ROI.
Mesdemoiselles	*Mesdemoiselles*
Limbourg.	Constance.
Millon.	Tulou.
Guillet.	La Garde.
La Roche.	Veron.
Testelette.	Courbois.
Fleury.	Rubantel.
Messieurs	*Messieurs*
Corbie.	Morand.
Lemire-L.	Venec pere.
Faussié.	Alexandre.
Dun , le fils.	Buseau.
Thomas.	Deshais.
Dautrep.	Lebel.
Houbeau.	Duplessis.
Duchesne.	Corail.
Naudé.	

ACTEURS CHANTANS
DU PROLOGUE.

HEBE', *Déesse de la Jeunesse*, Mademoiselle Poussin.
LE TEMS,   Monsieur le Mire.
VENUS,   Mademoiselle Antier.
BACCHUS,   Monsieur Dubourg.

ACTEURS DANSANS
DU PROLOGUE.

SUITE DE LA JEUNESSE.

Mesdemoiselles de la Feriere, Haran, Dupré, Duval,
Châteauvieux, Brunel.

SUITE DU TEMS.

Messieurs Javilliers, Pierret, Guyot, Maltaire.

SUITE DE VENUS.

Mademoiselle Guyot.
Mesdemoiselles Lemaire, le Roi-L.
Messieurs Dumoulin-L, Dupré.
Messieurs P. Dumoulin, Laval.

PROLOGUE.

*Le Theatre represente un Bosquet des Jardins
d'Hebé, Déeffe de la Jeuneffe.*

HEBE.

SOrtez de ces paisibles bois,
Venez, troupe charmante, accourez à ma voix.

Rassemblez-vous, le plaisir vous appelle,
De vos jeunes momens consacrez-lui le cours;
Et marquez tous vos beaux jours
Par une fête nouvelle :
Rassemblez-vous, le plaisir vous appelle.

Toute la Suite d'Hebé accourt & se dispose aux plaisirs qu'on lui annonce.

CHOEUR *de la suite d'Hebé.*

Rassemblons-nous, le plaisir nous appelle ;
De nos jeunes momens consacrons-lui le cours ;
Et marquons tous nos beaux jours
Par une fête nouvelle ;
Rassemblons nous , le plaisir nous appelle.

HEBE.

Les Loix que vous suivez sont faites par les Jeux,
Connoissez tout le prix d'un si doux avantage :
C'est être doublement heureux
Que de l'être à votre âge.

Ici le plaisir seul exerce son pouvoir :
Riez , dansez , chantez sans cesse ,
C'est-là votre devoir
Agréable jeunesse.

La suite d'Hebé exprime son bonheur par des Danses. Elles sont interrompuës par une Symphonie caractérisée qui annonce le Tems.

HEBE.

Ciel ! qui peut nous troubler dans de si doux instans ?
Quels tristes sons ? que vois-je ! c'est le Tems.

LE TEMS.

Venez triftes Sujets foumis à ma puiffance
    Marquez-moi votre obéïffance.

Pourfuivons la Jeuneffe & troublons fes beaux jours.
    Chaffons les Ris errans fous ces ombrages,
Otons à la Beauté leur utile fecours ;
Le plaifir fçait du Tems arrêter les ravages.
Pourfuivons la Jeuneffe & troublons fes beaux jours.

La fuite du Tems ennemie des plaifirs pourfuit les Suivantes
*   d'Hebé, & leurs danfes dépeignent la legereté de la Jeuneffe*
*   qui recommençant les Jeux autant de fois qu'on les inter-*
*   rompt, nous exprime fon caractere qui eft d'oublier les*
*   chagrins dès qu'ils difparoiffent : On entend une douce*
*   Symphonie. Venus paroît dans fon Char avec l'Amour &*
*   Bacchus. Le Tems & fa Suite fe retirent.*

LE TEMS.

Qu'entens-je!c'eft l'Amour qui defcend dans ces lieux
Retirons-nous : Cédons au Souverain des Dieux.

VENUS.

Raffurez-vous Jeuneffe aimable,
Revenez, triomphez du Tems impitoyable.

Toute la fuite d'Hebé revient, ramenée par la fuite
*   de l'Amour.*

PROLOGUE.

BACCHUS.

Ne vous étonnez pas de voir dans ces beaux lieux
Des plus aimables Dieux
Le riant assemblage.
Pour le bien des Mortels sur le Char de Venus
Aujourd'hui l'Amour voyage
Assis auprés de Bacchus.

VENUS.

Soupirez, réverez le Dieu qui vous engage,
Soupirez nuit & jour,
Jeunes cœurs, les soupirs sont l'encens de l'Amour :
Qu'il est doux de lui rendre hommage !

Aimez. Dans l'Hyver même on joüit du Printems,
Quand l'Amour vole
Sur les traces du Tems.
Est-ce pour la raison que sont faits les beaux ans ?
Faut-il qu'à ses conseils un jeune cœur s'immole ?
Aimez. Dans l'Hyver même on joüit du Printems,
Quand l'Amour vole
Sur les traces du Tems.

BACCHUS.

Aimez, bûvez ; notre présence
Vous invite à joüir de notre intelligence.

Le

Le Dieu du Vin.
Possede sans partage
Les bords du Rhin :
Et le Dieu de Paphos regle seul le destin
Des climats qu'arrose le Tage.
Heureux l'empire ! heureux le sort
Qui l'un à l'autre les enchaîne !
C'est seulement aux rives de la Seine
Que l'Amour & Bacchus regnent toujours d'accord.

La suite de l'Amour mêlée à celle d'Hebé, honore Bacchus
& Venus par leurs danses.

VENUS.
Veillés Bacchus , veillés Amour,
Endormés la raison severe,
Triomphés dans ce beau séjour.

Empêchés-là de nous distraire.
Quel jour charmant ! quel heureux jour !
Quand vous la forcés à se taire !

Veillés Bacchus , veillés Amour,
Endormés la raison severe ,
Triomphés dans ce beau séjour.

Les danses recommencent.

x · PROLOGUE.

VENUS.

Plaisirs, faites briller vos charmes,
Qu'un spectacle galant nous montre dans ce jour
Tous les Ages soumis au pouvoir de l'Amour :
Plaisirs, faites briller vos charmes,
Contre les coups du Tems ce sont de sûres armes.

A l'Amour.

Volés, mon fils, volés; que Flore & les Zephirs
Preparent avec vous des Fêtes
Qui doivent à nos yeux retracer vos conquêtes.

Aux Suivantes d'Hebé.

Et vous en les chantant redoublés vos plaisirs.

L'Amour s'envole.

VENUS ET BACCHUS.

Venus . . . .
Bacchus . . . . . .
Celebrez { Bacchus / l'Amour } & sa gloire,

Que ces Dieux dans vos cœurs partagent la victoire :
Celebrez leur accord par un concert nouveau :
Que l'écho se reveille ;
Venus.   Chantez Bacchus sous l'Ormeau,
Bacchus.   Chantez l'Amour sous la Treille.

CHOEUR.

Suite de l'Amour . . . . Celebrons { Bacchus / l'Amour } & sa gloire,
Suite de Bacchus . . .

Que ces Dieux dans nos cœurs partagent la victoire ;
Celebrons leur accord par un concert nouveau :
Que l'écho se reveille ;
Suite de l'Amour . . . Chantons Bacchus sous l'Ormeau,
Suite de Bacchus . . . . Chantons l'Amour sous la Treille.

Fin du Prologue.

ACTEURS CHANTANS
DU BALET.

PREMIERE ENTRE'E
LA JEUNESSE
OU
L'AMOUR INGENU.

FLORISE, *très-jeune personne aimée de Léandre*, Mademoiselle Toulou.

ARTEMISE, *Gouvernante de Florise*, Mr. Muraire.

LEANDRE, *Amant de Florise, deguisé de même qu'Artemise Gouvernante de Florise*, Mr. Cocherau.

ZERBIN, *Valet de Leandre*, Monsieur Mantienne.

Un Masque chantant, Mademoiselle de la Garde.

Troupes de Masques.

La Scene est à la Foire de Bezons.

SECONDE ENTRÉE.

L'AGE VIRIL
OU
L'AMOUR COQUET.

ERASTE, *homme de plaisir, Amant de Lucinde,* Monsieur Thevenart

LUCINDE, *jeune Veuve coquette,* Mademoiselle Poussi

DAMON, *Petit Maître,*   Mr. Muraire.

CLEON, *Financier amoureux de Lucinde,* M. Guesdon.

Vendangeurs & Vendangeuses.

La Scene est en Champagne près du Château de Lucinde.

TROISIÉME ENTRÉE.
LA VIEILLESSE
OU
L'AMOUR JOÜÉ.

FABIO, *Pere de Silvanire, Noble Venitien*, Monsieur Dun le Pere.

SILVANIRE, *Fille de Fabio, deguisée en Cavalier, Polonois*, Mademoiselle Antier.

VALERE, *Seigneur Polonois, Amant de Silvanire*, Monsieur Dun le Fils.

ARGANT, *Vieillard Amoureux de Silvanire, Gentil-homme de campagne François*, Monsieur Mantienne.

MERLIN, *Valet de Fabio*, Monsieur Cocberau.

L'Ordonateur de la Fête, Monsieur Guesdon.

La Folie, Mademoiselle Haran.

Un Acteur de la Fête, Monsieur Muraire.

La Scene est près de Padoüe dans les Jardins preparez pour une Fête.

ACTEURS DANSANS
DU BALET.

PREMIERE ENTRE'E.
FOIRE DE BEZONS.

Premiere Bande de Masques.	*Seconde Bande de Masques.*
Messieurs Blondy , Marcel-L.	Monsieur D. Dumoulin.
Mesdemoiselles Dupré, le Roi C.	Mesdemoif. Prevôt , Guyot.
Messieurs Dumoulin-L, Dupré.	Messieurs F. Dumoulin , P. Dumoulin.
Mesdemoiselles Lemaire , Duval.	Mesdemoiselles la Feriere , Haran.
Messieurs Ferand , Pierret.	
Mesdemoiselles Brunel, Château-vieux.	

DEUXIEME ENTRE'E.
FESTE DE VANDANGEVRS:

Le Seigneur du Village, Monsieur Ferand ,
Sa Femme, Mademoiselle Dupré.
Sa Fille, Mademoiselle Prevoft.

JEVNES PAYSANS ET PAYISANNES.

Messieurs Marcel - L., Dupré
Mesdemoiselles Châteauvieux, Brunel.

VANDANGEVRS.

Messieurs Javilliers, Pierret, Guyot, Maltaire.

VANDANGEUSES.

Mesdemoiselles Lemaire, le Roi-L., Mangot, Duval.

TROISIEME ENTRE'E.
LE TRIOMPHE DE LA FOLIE
SUR LES AGES.

LA FOLIE.
Mademoiselle Haran.

SUITE DE LA FOLIE.
Messieurs Javilliers, Pierret, Guyot, Maltaire, Marcel-C.

ARLEQUIN, Monsieur F. Dumoulin.

ARLEQUINE, Mademoiselle de la Feriere.

POLICHINEL, Monsieur P. Dumoulin.

LES AGES.
Monsieur Laval, Mademoiselle Brunel.
Monsieur Dangeville, Mademoiselle Châteauvieux.
Monsieur Dupré, Mademoiselle le Roi-C.
Monsieur Ferand, Mademoiselle Dupré.

LA JEUNESSE
OU
L'AMOUR INGENU.

PREMIERE ENTRÉE.

Le Theatre represente au fonds la Riviere de Seine, & dans les aîles la Foire de Bezons.

SCENE PREMIERE.

LEANDRE *déguisé comme* ARTEMISE, *un masque à la main,* ZERBIN *déguisé.*

ZERBIN.

Uel dessein vous conduit dans ce séjour
    charmant?
Les Amours sur ces bords préparent mille
    fêtes;

A

LES AGES,

Venez-vous aujourd'hui fous ce déguifement
Tenter de nouvelles conquêtes ?

LEANDRE *déguifé comme* ARTEMISE.

C'eft fous un pareil ornement
Que doit paroître ici l'incommode Artemife
Ce redoutable Argus de la jeune Florife.
Ah ! que fes foins fâcheux
Otent de doux momens à mon cœur amoureux !

ZERBIN.

Quoi vous aimez Florife ?

LEANDRE *déguifé comme* ARTEMISE.

Je l'adore.

Florife ne fçait pas encore
Le prix de fes attraits :
Un jeune objet paré de charmes qu'il ignore
N'en eft que plus fûr de fes traits.

ZERBIN.

D'une Beauté naiffante
Les jeux occupent feuls les foins & les défirs ;
Elle rit fans pitié des plus tendres foupirs,
Lorfque l'on s'en plaint, elle chante :
N'attendez pas de vrais plaifirs
D'une Beauté naiffante.

BALET.

LEANDRE *déguisé comme* **ARTEMISE.**

D'une beauté naissante
Heureux qui peut causer les timides désirs,
Elle seule nous peut donner de vrais plaisirs :
Quelle douceur charmante
D'entendre les premiers soupirs
D'une Beauté naissante?

ZERBIN.
Vous êtes donc aimé?

LEANDRE *déguisé comme* **ARTEMISE.**

Hélas! j'ignore même
Si l'on connoît que j'aime.

Je viens chercher ici l'objet qui m'a charmé.
J'espere surprendre Artemise,
Sous son déguisement que j'ai fait imiter
Je peux tromper les yeux de la jeune Florise
Et trouver le moment de m'en faire écouter.

ZERBIN.
Le Bal vous favorise
On va se rassembler sur ce rivage frais....

LEANDRE *déguisé comme* **ARTEMISE.**

Le trouble charmant qui s'aprête
Annonce à mon cœur mille attraits;

LES AGES,

Dans le désordre d'une fête
L'Amour ne s'égare jamais.

ZERBIN.

On vient.

LEANDRE *déguisé comme* ARTEMISE.

Retirons-nous sous ce feüillage épais.

SCENE II.

FLORISE *déguisé*, ARTEMISE *déguisé comme* LEANDRE.

ARTEMISE.

NE nous écartons pas sur cette aimable rive,
Je crains que malgré nous quelqu'Amant ne
nous suive ;
Nous sommes sur ces bords toutes deux sans secours.

On ne trouve pas toujours
Des Rossignols sous l'ombrage :
Mais il n'est point de bocage
Où ne volent les Amours.

Plaignons un cœur qui s'engage,
Les Amans jusqu'au village
Aujourd'hui manquent de foi.
FLORISE.
Vous les connoiffez mieux que moi,
On doit tout fçavoir à votre âge.
ARTEMISE.
A mon âge ? eft-ce à moi que l'on tient ce langage ?

Je fuis encor dans ma belle faifon,
C'eft ce qui fait le prix de mon indifference :
Sçachez que ma prudence
Eft un beau fruit de ma raifon
Et non de mon experience.
De cent perils divers fongez à vous garder :
Croyez-en ma Sageffe,
Les hommes font méchans.....

FLORISE.
C'eft donc pour les gronder
Qu'on vous voit les chercher fans ceffe.
ARTEMISE.
Ils vous cachent toujours le venin fous les fleurs :
Je vous amene au Bal, voyez ma complaifance,
Mais évitez les foupirs impofteurs
Des Amans qu'en ces lieux promene l'inconftance ;
Songez que fur ces bords on mafque auffi les cœurs.

LES AGES,

N'écoutez fur ce rivage
Que le murmure des eaux
Et de l'amoureux ramage
Fuyez les accords nouveaux ;
Les Amants fous cet ombrage
Chantent mieux que les Oifeaux.

SCENE III.

ARTEMISE, FLORISE, LEANDRE
déguifé comme ARTEMISE *un mafque à la main,*
ZERBIN.

LEANDRE *déguifé comme* ARTEMISE *au fonds
du Theatre.*

EH ! quoi toujours l'importune Artemife ?

ARTEMISE *à* FLORISE *fans voir* LEANDRE.

Quelqu'un vient, fuivez-moi.

*Artemife fort du Theatre : Florife la fuit lentement, ce qui
fournit à Leandre l'occafion de l'aborder, après avoir
ordonné à Zerbin d'aller amufer Artemife.*

LEANDRE *deguisé comme* **ARTEMISE.**

à Zerbin.

Saisissons ce moment , & toi,
Cours amuser l'Argus, feins que ton ame éprise
Adore ses appas.

ZERBIN.
O l'agréable emploi !

SCENE IV.

FLORISE, LEANDRE *deguisé comme* **ARTEMISE.**

LEANDRE *deguisé comme* **ARTEMISE**
mettant son masque.

Attendez donc Florise....
FLORISE.
O! Ciel la severe Artemise
Sous le masque cache ses traits.

LEANDRE *deguisé comme* **ARTEMISE.**

On ne doit laisser voir ici que vos attraits.
FLORISE.
Vous changez bien-tôt de langage.

LEANDRE *deguisé comme* **ARTEMISE.**
Profitons du plaisir qui vient s'offrir à nous.

FLORISE.
Que devient votre humeur saúvage ?
Vos Conseils ....

LEANDRE *deguisé comme* **ARTEMISE.**
Oubliez-les tous.

FLORISE.
Ah ! qu'aujourd'hui votre entretien m'enchante !

LEANDRE *deguisé comme* **ARTEMISE.**
Florise m'aimez-vous ....

FLORISE.
Oh ! je m'en garde bien ;
Vous m'ordonnez de n'aimer rien,
Et je suis fort obéïssante.

LEANDRE *deguisé comme* **ARTEMISE.**

N'aimez rien, j'y consens, observez cette loi
N'en exceptez que moi.
Mais peut-être déja quelque flâme naissante
De votre jeune cœur occupe tous les vœux ;
Ne vous contraignez plus, avoüez-moi vos feux.

FLORISE.
J'ignore ces ardeurs secrettes,
Et je n'ai pas dessein de les sentir un jour ;

Non ,

Non, l'on n'eſt pas tenté de connoître l'Amour
      Sur les portraits que vous en faites :

         Mais, Artemiſe, ces portraits
             Sont-ils fidelles ?

LEANDRE *déguiſé comme* ARTEMISE.

Non, je vous ai caché l'Amour ſous de faux traits,
Pour le peindre il n'eſt pas de couleurs aſſez belles.

FLORISE.
         C'eſt donc un tableau bien charmant ?

LEANDRE *déguiſé comme* ARTEMISE.

Il ne peut s'achever que par un tendre Amant.
FLORISE.
M'eſt-il permis d'en voir . . . .

LEANDRE *deguiſé comme* ARTEMISE.

                  Malgré votre eſclavage
Hélas ! ſi de l'Amour vous connoiſſiez la voix
Vous l'auriez près de vous entendu quelquefois.

L'Amour pour s'exprimer a bien plus d'un langage,
Et c'eſt lorſqu'il ſe tait qu'il en dit davantage.
De timides ſoupirs, des regards enflâmez
Ne vous ont-ils jamais tracé la vive image
      Des beaux feux que vous allumez ?
L'Amour pour s'exprimer a bien plus d'un langage
Et c'eſt lorſqu'il ſe tait qu'il en dit davantage.

                              B

Que l'on est malheureux si rien ne vous instruit
        Des hommages qu'on va vous rendre !
Avec empressement on vous cherche, on vous suit....

FLORISE.
Je n'ai vû que Leandre.

LEANDRE *deguisé comme* ARTEMISE *à part.*

Ciel ! elle sçait mon nom ! que Leandre est charmé !
à Florise.
Déclarez vous enfin, Leandre est-il aimé ?
Quel trouble vous surprend ?

FLORISE.
Je ne puis le comprendre.
        Mon cœur n'est plus maître de lui,
Il suit de douces loix qu'il ne sçait pas encore ;
Les Jeux qui m'amusoient me causent de l'ennui,
J'éprouve quelquefois un plaisir que j'ignore ;
Un trouble qui me plaît m'agite nuit & jour,
Je ne puis m'expliquer le feu qui me dévore ;
        Aprenez-moi si c'est l'Amour.

LEANDRE *deguisé comme* ARTEMISE.

Que venez-vous vous-même de m'aprendre ?
Il ôte son masque.
Voudrez-vous bien encor l'avoüer à Leandre ?

FLORISE.

Dieux ! c'est lui.

LEANDRE *deguisé comme* **ARTEMISE.**

Je suis trop heureux.
Ah ! quel prix ? quel doux avantage
Votre cœur accorde à mes feux ?
Sans les connoître, il les partage.
Je suis trop heureux.

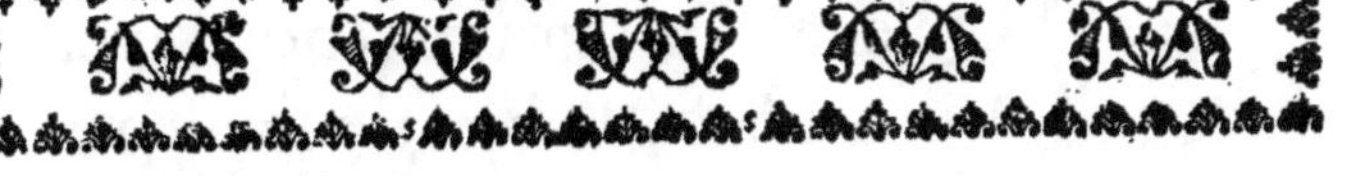

SCENE V.

FLORISE, LEANDRE *deguisé comme* **ARTEMISE, ARTEMISE, ZERBIN.**

FLORISE *aperçevant* **ARTEMISE** *dans le tems que* **LEANDRE** *lui baise la main.*

C'Est Artemise, ô Ciel !

ARTEMISE.

Quel projet témeraire ?

B ij

LEANDRE *deguisé comme* ARTEMISE.

Un Amant qui craint de déplaire
Avant l'hymen doit consulter l'Amour :
C'est ce que j'ai fait dans ce jour ;
Excusez mon dessein . . . .

ARTEMISE.

Non, il n'est pas possible . . . . .

ZERBIN *à* LEANDRE.

Ne vous allarmez pas, son cœur est fort sensible . . . .
J'en suis garand : c'est dans ce lieu paisible
Qu'elle m'a fait un tendre aveu ;
Vous voyez l'objet de son feu . . . .

LEANDRE *à* ARTEMISE.

Serez-vous inflexible ?

ZERBIN *à* ARTEMISE.

Au nom de nos tendres soupirs . . . .

ARTEMISE *faisant signe à* ZERBIN *de se taire.*
à Leandre. . . . Non, je ne suis point implacable
Je servirai l'hymen qui flate vos desirs.

LEANDRE *deguisé comme* ARTEMISE.

Je vous devrai le jour & mes plus chers plaisirs.

FLORISE *embrassant* ARTEMISE.

Que je vous aime !

ZERBIN.
Elle est aujourd'hui fort aimable.

ARTEMISE & ZERBIN.

Volez, Dieu des Epoux, de deux tendres Amans
Couronnez la flâme sincere :
Hymen, que vos nœuds sont charmans
Quand l'Amour vous aide à les faire.

Et vous mon cher Zerbin, ne consentez-vous pas
Qu'au temple de l'hymen nous volions sur leurs pas ?
Répondez.

ZERBIN *interdit.*
à part.

Mais je croi… quel instant redoutable !
Mais je croi des haut-bois entendre les accords,
Unissons-nous aux Jeux qu'on donne sur ces bords.

SCENE VI.

LEANDRE *donne la main à* FLORISE,
& ZERBIN *en boudant à* ARTEMISE,
les masques arrivent divisés par troupes avec les Instru-
mens à la tête & s'asseient au tour des arbres.

CHOEUR *des Masques.*

Dançons, dançons sur les bords de la Seine;
Jeunes Zephirs volez rafraîchissez les fleurs
De cette aimable plaine,
N'y laissez brûler que les cœurs.

Danse des Masques qui sont i terrompuës par l'arrivée de
deux petits Bateaux ornez de fleurs & chargez de nou-
velles troupes de Masques.

UN MASQUE *chantant.*

Jeunes cœurs, voulez-vous plaire,
Cherchez le Bal & ses attraits :
C'est l'empire du Mystere,
L'Amour y répand ses bienfaits.

C H OE U R.

Jeunes cœurs , voulez-vous plaire
Cherchez le Bal & ſes attraits :
C'eſt l'empire du Myſtere,
L'Amour y répand ſes bienfaits.

LE MASQUE *chantant.*

Ici le Maſque eſt plus ſincere :
Qu'un Bal champêtre a de douceur !
L'étoile de Venus l'éclaire,
Flore en fait l'ornement, Zephire la fraîcheur.

CHOEUR.

Jeunes cœurs , voulez-vous plaire
Cherchez le Bal & ſes attraits :
C'eſt l'empire du Myſtere,
L'Amour y répand ſes bienfaits.

LE MASQUE *chantant.*

Trop heureux qui ſur la fougere
Doit s'enflâmer dans ce ſimple ſéjour !
Le lieu qui voit naître l'Amour
Forme ſouvent ſon caractere.

CHOEUR.

Jeunes cœurs , &c. . . .

Danſes des nouveaux Maſques.

LE MASQUE *chantant.*

Arrêtez-vous eaux fugitives
Dans ce séjour délicieux :
Roſſignols chantez ſur ces Rives,
Tout Cythere eſt dans ces beaux lieux ;
Ici les Graces ſont plus vives,
Les Amours plus audacieux.

Le plaiſir que l'on cache, augmente
Sous un heureux déguiſement :
Jaloux, qu'un triſte ſoin tourmente,
Vous nous obſervez vainement,
Sur ces bords l'Amant & l'Amante
Se reconnoiſſent ſeulement.

Arrêtez-vous eaux fugitives
Dans ce séjour délicieux ;
Roſſignols chantez ſur ces Rives,
Tout Cythere eſt dans ces beaux lieux ;
Ici les Graces ſont plus vives
Les Amours plus audacieux.

Le Bal continuë & finit par des Contre-danſes.

Fin de la premiere Entrée.

L'AGE

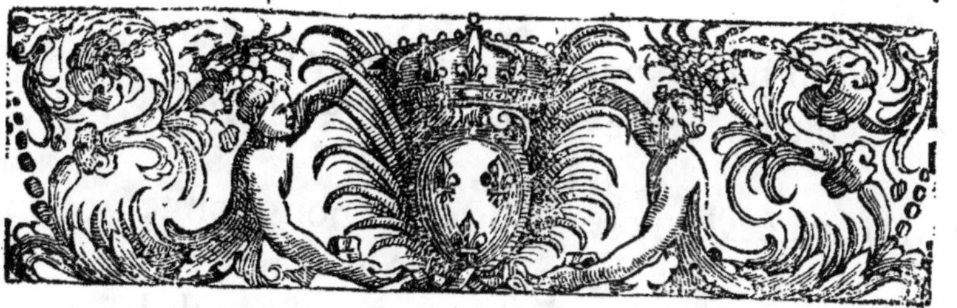

L'AGE VIRIL
OU
L'AMOUR COQUET.

SECONDE ENTRÉE.

*Le Theatre represente au fonds un Chasteau
en Champagne environné de Costeaux
chargez de Vignes.*

SCENE PREMIERE.

ERASTE *en habit de Campagne,* DAMON
en Voyageur.

ERASTE *embrassant* DAMON.

EH! que viens tu chercher dans ces climats
    charmans
Toi que chaque beauté pour un instant en-
    gage?
Est-ce dans des hameaux séjour des vrais Amans
    Que l'on doit trouver un volage?

C

DAMON.

Pour moi je ne fuis point furpris
De te voir Habitant de ces côteaux cheris....

ERASTE.

Je varie en ces lieux les plaifirs que nous donne
          Un agreable Automne,
Je ne me trouve point de momens fuperflus.

          Tout mon tems fe partage
          Entre les Amours & Bacchus.
J'aime, lorfque je voi la beauté qui m'engage,
          Je boi, quand je ne la voi plus :
          Tout mon tems fe partage
          Entre les Amours & Bacchus.

DAMON.

Peux-tu dans ces climats féparer ton hommage ?
La treille y fait couler fon plus aimable jus :
L'Amour fe doit ici défier du partage
          Que tu lui fais avec Bacchus.

ERASTE.

          Je fers également leur gloire
          Qui veut aimer doit fçavoir boire,
L'Amour fait les Amans & Bacchus les inftruit.

Le vin fçait animer par fa flâme liquide
Les cœurs qu'un fier objet au filence réduit ;
          L'Amour eft moins timide
          Quand Bacchus le conduit.

DAMON.
Ne mene-t-il que toi chez l'objet qui t'engage?

ERASTE.
Non, non, je n'aime pas une beauté volage
Je croi poſſeder ſeul le cœur
De l'aimable objet qui m'enchante;
Tu ris....

DAMON.
Une beauté conſtante
N'eſt pas faite pour un buveur.

ERASTE.
Eh! qui m'aprendra donc l'art de fixer les belles?

DAMON.
Moi. Je n'ai jamais rencontré
D'inconſtantes ni de cruelles.
J'attendris les cœurs à mon gré:
J'ai corrigé mille coquettes....

ERASTE.
Eſt-ce pour exercer un ſi rare ſecret
Que vous venez dans ces retraittes?

DAMON.
Ecoûte... Mais eſt-tu diſcret?

ERASTE.
Finis un vain myſtere.
Tu ſerois bien fâché que je ſçuſſe me taire;

> Va, parle, ne crains rien,
> Je dirai tout.

DAMON.

>   Eh bien,
> Une beauté charmante à qui j'ai trop sçu plaire
>   Habite dans ces lieux :
> Je croi que loin de moi tout lui semble ennuyeux....

ERASTE.

> Vous venez dissiper le chagrin qui la presse ?

DAMON.

> Oüi, je viens en passant la voir dans ce séjour.
>   Je pourrai bien à sa tendresse
>   Donner le reste de ce jour.

ERASTE.

> Le reste de ce jour ? la faveur est legere.

DAMON.

> Oh, je n'en conviens pas, & de plus entre nous,
> Mon tems est retenu je ne sçaurois mieux faire.

ERASTE.

> Vous allez essuyer bien des transports jaloux !

DAMON.

> Hélas ! c'est mon destin.

ERASTE.
Lorsqu'on est trop aimable
C'est un destin inévitable.

DAMON *appercevant* LUCINDE.
J'apercoi la beauté que j'ai trop sçu charmer,
Que je vais la ravir !

ERASTE.
Qui, Lucinde?

DAMON.
Elle même.

ERASTE.
Peut-être en d'autres lieux elle a pû vous aimer,
Dans ces climats charmans je suis le seul qu'elle aime.

DAMON.
Que je te sçai bon gré d'avoir pû l'enflâmer,

C'est me tirer, d'un embaras extrême.

SCENE II.

DAMON, ERASTE, LUCINDE.

LUCINDE à ERASTE *sans voir* DAMON.

Se rassurant.   *Apercevant Damon.*

Allons, Eraste, allons.. Mais, ô Ciel !.. quel bonheur,
   Dans ce lieu vous rassemble ?

ERASTE.

Quoi vous vous étonnez de nous trouver ensemble ?
Damon n'est pas de trop , il connoît votre cœur.

LUCINDE *à part.*

   Déguisons mon inquietude.

à Damon.

Quoi vous venez, Damon , chercher ma solitude ?

DAMON.

Lucinde, je le voi , vous la peuplez d'amours,
   Et vous empruntez leur secours
   Contre l'ennui de vos retraittes.

ERASTE *à* DAMON.

Regrettez-vous son cœur ? mais, quoi,
Vous qui sçavez corriger les coquettes
Travaillez, voilà de l'emploi.

D'AMON *à* LUCINDE.

Dans le hameau prochain je vais voir Celimene,
C'est elle seulement qui dans ces lieux m'amene ;
Vous n'avez changé qu'après moi.

SCENE III.

ERASTE, LUCINDE.

ERASTE.

Vous ne répondez rien, il a sçu vous confondre.

LUCINDE.

A de pareils discours je n'ai rien a répondre ,
Vous connoissez Damon.

ERASTE.
Eh bien.

LUCINDE.

Le croyez-vous ?
Lui feriez-vous l'honneur d'en être un peu jaloux?
Ah ! rougiſſez d'un ſoupçon qui m'offence.

ERASTE.

De ce dépit railleur je dois me défier,
Lucinde, pourquoi donc gardiez-vous le ſilence ?

LUCINDE.

N'avoir rien répondu c'eſt me juſtifier.
Il voit que vous m'avez ſçu plairé,
Si je l'aimois, aurois-je pû me taire,
Et ne le pas déſabuſer ?

ERASTE.

Ah ! vous ſçavez trop bien vous excuſer
Pour être fidelle & ſincere.

LUCINDE *feignant de ſe fâcher.*

C'eſt bien à vous à m'accuſer
Vous que le Dieu du vin ſçait trop ſouvent diſ-
traire . . .

On ne reconnoît plus
L'Empire de Cythere.
Les Amours à preſent s'échapent de leur Mere
Pour aller boire avec Bacchus.

ERASTE.

ERASTE.

Quand la treille me voit fous fes charmans aziles,
J'accorde au Dieu du Vin des momens inutiles
    Qui pour l'Amour feroient perdus.

    C'eft pour affermir ma conftance
    Que j'emprunte dans votre abfence
    Le fecours d'un aimable jus.
    Mais les Amans des autres Belles
Donnent fouvent à des ardeurs nouvelles
Le tems que mon amour abandonne à Bacchus.

LUCINDE.

    Loin de l'objet qui nous bleffe
    Doit-on l'oublier jamais ?
    Non, n'y pas fonger fans ceffe
    C'eft outrager fes attraits.
    Non, non, rien ne doit fufpendre
    L'attente de fon retour :
    Tous les momens d'un cœur tendre
    Appartiennent à l'Amour.

ERASTE.

Damon fuivoit-il bien cette leçon fevere
    Lorfque vous partagiez fes volages ardeurs ?
               D

L U C I N D E.

Erafte, fçavez-vous que les Amans railleurs,
　　　Perdent bien-tôt le droit de plaire ?

La conquête d'un cœur ne fçauroit me flatter
Lorfqu'à fes foins jaloux il veut que je m'immole :
　　　Et bien-tôt mon amour s'envole
　　Si les plaifirs ne fçavent l'arrêter.

A D E U X.

La conquête d'un cœur ne fçauroit me flatter

L'orfqu'à { Ses foins jaloux / Son inconftance } il veut que je m'immole;

　　　Et bien-tôt mon amour s'envole
　　Si les plaifirs ne fçavent l' } arrêter.
　　Loin d'un objet qu'il ne peut }

On entend un prelude.

E R A S T E.

Qu'entens-je ?

L U C I N D E.

　　　　　On prépare une fête,
Erafte, j'oubliois de vous en informer.

E R A S T E *furpris.*

Comment ?

LUCINDE

 C'eſt pour moi qu'on l'apprête.

ERASTE.

Vous avez fait encor ici quelque conquête.

LUCINDE.

Oüi, le riche Cleon s'aviſe de m'aimer.

ERASTE.

 Ah! ç'en eſt trop, je me dégage.
J'eſperois vainement que votre cœur volage
 Se fixeroit en ma faveur:
 Ah! ç'en eſt trop, je me dégage,
Je renonce à l'hymen qui flattoit mon ardeur…

LUCINDE.

Non, non, ne craignez pas qu'avec-vous, je m'en-
  gage;
Non, vous m'épouvantez avec votre air grondeur.
 Quand l'Amour nous fait peur
L'hymen nous doit encore effrayer davantage.

Allez, Eraſte, allez, ne ſuivez plus mes pas…

ERASTE *tres-piqué.*

Ainſi vous me chaſſez… je ne partirai pas.

LUCINDE *gracieuſement.*

Que j'aime ce dépit!

ERASTE *à part.*

Mon couroux m'abandonne.
Hélas! qu'il eſt aiſé d'apaiſer les Amans!
Mais Cleon vient : je vais troubler vos doux momens.

LUCINDE *affectant de la colere.*

On fatigue à la fin quand toujours on ſoupçonne,
Vous ne meritez pas, ingrat, mes ſentimens…

ERASTE.

Excuſez-vous du moins….

LUCINDE *en riant.*

Reſtez, je vous pardonne.

SCENE IV.

LUCINDE, ERASTE, CLEON *Financier,*
VENDANGEURS.

CLEON.

POur celebrer la chaine qui m'engage,
Nous deſcendons des côteaux d'alentour :
Par la voix des plaiſirs recevez mon hommage :
Pour vous belle Lucinde, on verra dans ce jour
Les Sujets de Bacchus obéïr a l'Amour.

Danses des Vendangeurs.

LUCINDE.

Qu'il est doux d'habiter notre aimable retraite !
Un jus délicieux coule sur nos côteaux :
Ici le Dieu des bois partage sa musette
Bacchus comme l'Amour reçoit ses chants nouveaux!

La Danse des Vendangeurs reprend.

ERASTE.
C'est dans ce fortuné séjour
Qu'avec tous ses attraits on voit briller la Treille :
Jamais sur ces côteaux le Buveur ne sommeille,
Bacchus dans ces climats a le feu de l'Amour,
Il n'est point de cœur qu'il n'éveille.

Le divertissement finit par des Danses.

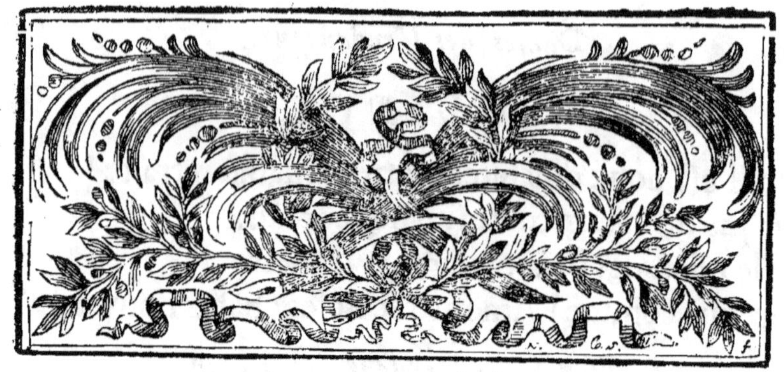

LA VIEILLESSE
OU
L'AMOUR JOÜÉ.

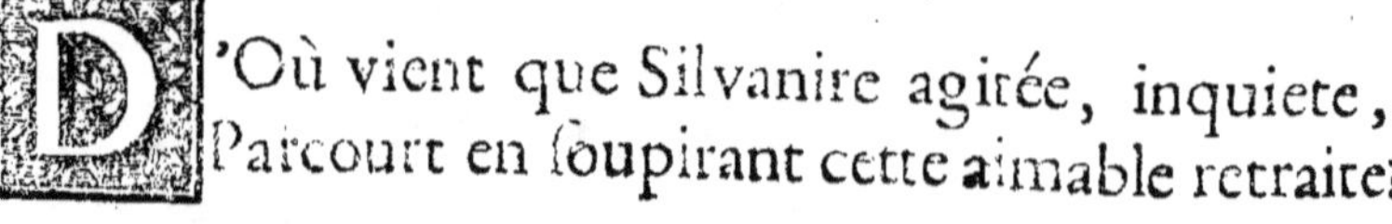

TROSIÉME ENTRÉE.

Le Theatre represente des Jardins prés de Padoüe preparez pour donner une Fête Galante.

SCENE PREMIERE.

SILVANIRE *deguisée en Cavalier*, MERLIN.

MERLIN.

D'Où vient que Silvanire agitée, inquiete,
Parcourt en soupirant cette aimable retraite?

Sans sçavoir vos desseins j'accompagne vos pas…
Quoi, voulez-vous garder un éternel silence ?
Sous ce déguisement que cherchez-vous ?

SILVANIRE *en Cavalier.*

Hélas !
Amour, fais briller ta puissance,
Seconde des projets par toi-même formés ?

MERLIN.

Par ces tendres soupirs j'apprens que vous aimés :
Est-ce Argant ? il n'est plus dans la saison de plaire…

SILVANIRE *en Cavalier.*

On veut m'unir à lui par de funestes nœuds.

MERLIN.

On voit assez que c'est le choix d'un Pere,
S'il eut consulté vos vœux….

SILVANIRE *en Cavalier.*

Mon cœur eut nommé Valere.

MERLIN.

Qu'Argant dans ses amours me semble témeraire ?

Un Amant plus rempli de glaces que de feux
Peut-il attendre un destin agréable ?
Devroit-on se mêler d'être encore amoureux
Lorsqu'on n'est plus aimable ?

SILVANIRE *en Cavalier.*

Quel Amant !

MERLIN.

Vous l'avés aſſervi malgré vous ,
Vous n'aviés pas deſſein de porter là vos coups ,
C'eſt un trait égaré du Vainqueur de Cythere.

SILVANIRE *en Cavalier.*

Lorſque l'Amour lance ſes traits
Rarement la raiſon l'éclaire ,
La plus foible conquête a pour lui des attraits :
Lorſque l'Amour lance ſes traits
Pourvû qu'il bleſſe un cœur il ne le choiſit guere.

MERLIN.

Vos mépris pour Argant ſont encore un myſtere ? ..

SILVANIRE *en Cavalier.*

Depuis l'inſtant fatal qui cauſa mon malheur ,
Argant n'a pû m'expliquer ſon ardeur.

MERLIN.

Un Amour de ſon âge eſt inſtruit à ſe taire.

Quel ſeroit 'e triſte entretien ,
D'un Amant auſſi vieux que l'Epoux de l'Aurore ?
Avec tranquilité croyés qu'il vous adore ;
Avant l'hymen il ne vous dira rien,
Peut-être après l'hymen ſe taira-t-il encore.

SILVANIRE.

SILVANIRE *en Cavalier.*

On m'ordonne aujourd'hui de paroître à ses yeux;
Déja dans ces Jardins ornés par sa tendresse
Tu m'as fait remarquer cet Amant odieux :
  Sous cet habit par ton adresse
J'ai devancé mon Pere dans ces lieux ;
J'y viens chercher Argant, j'y viens troubler son ame,
Je veux rompre l'hymen qu'espere en vain sa flâme...

MERLIN.

Mais avés-vous prévû tous les hazards fâcheux ?

SILVANIRE *en Cavalier.*

Sans les examiner je les crois favorables :
  Les projets les moins raisonnables
  Sont quelquefois les plus heureux.

MERLIN.

Expliqués-vous, je suis fort discret je vous jure.

SILVANIRE *en Cavalier.*

Non, non, Valere même ignore l'aventure
  Que j'ose risquer en ce jour.
Laisse-moi : ne suis plus mes pas dans ce séjour :
Pour témoin d'un projet dont la raison murmure
  C'est assés de l'amour.

SCENE II.

SILVANIRE *en Cavalier seule.*

Jardins fleuris qu'arrosent cent fontaines,
Bois que font retentir mille oiseaux amoureux,
Vous redoublez, hélas ! mon désespoir affreux ;
Plus un séjour est doux plus on y sent ses peines.

On veut me separer de l'objet de mes vœux.
J'écoute avec regret sous ce paisible ombrage,
Ruisseaux votre murmure, oiseaux votre ramage ;
Tout devient des tourmens pour les cœurs mal-
 heureux.

  Jardins fleuris qu'arrosent cent fontaines
Bois que font retentir mille oiseaux amoureux,
Vous redoublez, hélas ! mon desespoir affreux ;
Plus un séjour est doux plus on y sent ses peines.

Mais Argant vient ici : de mon déguisement
   Soutenons l'apparence.
Il approche : il est tems que ma feinte commence ;
Imitons les transports d'un malheureux Amant.

SCENE III.

SILVANIRE *en Cavalier*, ARGANT.

SILVANIRE *en Cavalier à part.*

Dieux ! Quelle route dois-je suivre ?
Silvanire, êtes-vous dans ce fatal séjour ?

ARGANT *à part.*

Il parle de l'objet qu'un doux hymen me livre.
Ecoutons.

SILVANIRE *en Cavalier à part.*

Quoi, je perds l'objet de mon amour ?
Un Rival me l'arrache & je le laisse vivre ?

ARGANT *tremblant & s'éloignant.*

Ne nous découvrons pas , évitons son couroux.

SILVANIRE *en Cavalier arrestant* ARGANT.

De grace arrêtez-vous ,
N'est-ce pas dans ces lieux qu'on attend Silvanire ?
Argant est-il ici ?

ARGANT *à part.*

Il ne me connoît pas, à la fin je respire.

à Silvanire.

Seigneur, quel est le mal qui vous agite ainsi ?

SILVANIRE *en Cavalier.*

J'adore Silvanire, on l'enleve à ma flâme,
Et vous vous étonnez du trouble de mon ame ?

ARGANT.

Eteignez d'inutiles feux....

SILVANIRE *en Cavalier.*

Qu'osez-vous conseiller à mon cœur amoureux ?

ARGANT.

Argant espere ici par des Jeux qu'on aprête
Toucher l'objet charmant dont son cœur suit la Loi.

SILVANIRE *en Cavalier.*

Silvanire verra des mêmes yeux que moi
Cette fatale Fête.

Non, Silvanire & moi nous n'avons pas deux cœurs
Elle est fidelle à l'Amant qu'elle adore.
Dans le triste destin de nos tendres ardeurs
Nous versons ensemble des pleurs ;

Elle hait le Rival que je hais, que j'abhore ;
Non, Silvanire & moi nous n'avons pas deux cœurs.

ARGANT *à part.*

Je dois entendre ce langage ;
Voilà pour mon hymen un fort heureux préſage.
à Silvanire.
Ainſi l'eſpoir d'Argant...

SILVANIRE *en Cavalier.*

Peut-il en concevoir ?
Eſt-ce donc de l'amour que ſon aſpect inſpire ?
Non, j'oſe m'en flatter, non, j'oſe vous le dire
Il ne ſçaura jamais quel que ſoit ſon eſpoir
Me ſéparer de Silvanire.

ARGANT.

Elle pourra changer...

SILVANIRE *en Cavalier.*

Non, non, n'en croyez rien,
Je connois dès long-tems ſon cœur comme le mien.

ARGANT.

Silvanire vous jure une ardeur immortelle...

SILVANIRE *en Cavalier.*

Tous ſes vœux, tous ſes pas ſont guidés par l'amour.

ARGANT.

Vous passés, je le voi, peu de momens sans elle,

SILVANIRE *en Cavalier.*

Je l'accompagne nuit & jour.

ARGANT *à part.*

Nuit & jour ! juste Ciel ! il n'a plus rien à taire.

SILVANIRE *en Cavalier à part.*

Ma feinte réüssit : mais j'aperçois Valere.

SCENE IV.

SILVANIRE *en Cavalier*, ARGANT, VALERE,

VALERE *sans les voir.*

BArbare hymen, tyran trop rigoureux,
Tu prétens donc m'arracher Silvanire?

ARGANT *à part.*

Dieux ! encor un Rival ! eh ! que vont-ils se dire?

VALERE *sans les voir.*

Barbare hymen, tyran trop rigoureux,
Sans l'aveu de l'amour dois-tu former des nœuds ?

ARGANT *à part reconnoissant* VALERE.

Que vois-je? Valere. Il soupire?
J'ignorois son amour, je connois son couroux,
Il ne menage rien dans ses transports jaloux,

à Valere.

Je crains.. feignons...Seigneur la Fête vous attire?

VALERE *voulant mettre l'épée à la main.*

Ah! je vous trouve enfin, Argant, defendés-vous...

ARGANT *&* SILVANIRE *en Cavalier.*

Arrêtés.

VALERE *à Argant.*

Non, il faut expirer sous mes coups.

SILVANIRE *en Cavalier le retenant.*

Eh! de grace, arrêtés Valere.

ARGANT *montrant* SILVANIRE *en Cavalier à* VALERE.

C'est sur lui seul que doit tomber votre colere,
On trouve nuit & jour Silvanire avec lui:

Il me l'a dit lui-même.

VALERE *regardant* SILVANIRE *en Cavalier.*

Quoi, c'est vous que je vois? ma surprise est extrême.
Quoi, c'est vous?

SILVANIRE *en Cavalier.*

Oüi, c'est moi, je vous prouve aujourd'hui
Qu'on ose tout lorsque l'on aime.
Silvanire est constante, Argant l'adore en vain,
Il n'obtiendra jamais ni son cœur ni sa main,
Je suis ici venu moi-même l'en instruire…

VALERE.

Que Valere est charmé ? quel genereux effort ?

ARGANT *à part.*

Voilà deux Rivaux bien d'accord.

SILVANIRE *en Cavalier aperçevant* **FABIO.**

Mon Pere vient. Amour, daigne, hélas ! nous conduire.

SCENE V.

SCENE V.

SILVANIRE *en Cavalier*, VALERE,
ARGANT, FABIO *suivi de* MERLIN.

L'Ordonateur de la Fête, Valere & Silvanire s'écartent
un peu.

FABIO.

DE ces lieux enchantez goûtons bien les appas,
Que l'Hymen y prépare une agreable Fête.

ARGANT.

Je sçai les faveurs qu'il m'aprête.

L'ORDONATEUR *de la Fête entrant à* ARGANT.
Seigneur, les Jeux sont prêts....

ARGANT *brusquement.*
Moi je ne le suis pas.

FABIO.
Quel est ce noir chagrin & que voulez-vous dire ?

ARGANT *brusquement.*

Que je ne veux plus être Epoux.

F

FABIO.

Expliquez-moi du moins qui cause ce couroux.

ARGANT *montrant à* FABIO,
Valere & Silvanire en Cavalier.

Pour vous en informer, l'un des deux peut suffire.
Adieu je les laisse avec vous;
Tous deux bien mieux que moi connoissent Silvanire.

SCENE VI.

VALERE, SILVANIRE *en Cavalier*, FABIO,
MERLIN, L'ORDONATEUR *de la Fête & sa suite.*

FABIO *regardant* VALERE & SILVANIRE,
en Cavalier qui l'évitent tour à tour.

Qu'ont-ils donc à m'aprendre?.. ils m'évitent
tous deux...
Je ne vois plus Argant...

MERLIN *bas à* SILVANIRE.

Soutenons bien l'orage.

F A B I O *à part.*

Quel caprice d'Argant a pû changer les vœux ?
Non, ma Fille jamais ne fera le partage
       D'un Epoux fi fâcheux.

S I L V A N I R E *en Cavalier, à fon Pere.*

Que j'ai de graces à vous rendre !...

F A B I O *à fa Fille.*
la reconnoiffant.

       Quoi Seigneur... mais que vois-je ici ?
Ma Fille, quel projet ofiez-vous entreprendre ?

S I L V A N I R E *en cavalier.*

Il eft juftifié puifqu'il a réüffi.

M E R L I N *à* F A B I O.

       Il faut d'un cœur qui foupire
       Excufer les mouvemens,
       Un projet que l'amour infpire
       Paroît toujours fage aux Amans.

F A B I O *à* M E R L I N.

On ne demande pas ici tes fentimens.

S I L V A N I R E *en Cavalier à* F A B I O.

Seigneur eft-ce en vain que j'efpere ?

          LES AGES,

FABIO.

Je fçai que vous aimez & j'aperçois Valere...
C'en eft fait, je veux bien vous unir en ce jour,
Il faut que pour vos feux, enfin je me déclare;
Il faut que l'Hymen repare
Les fautes que fait l'Amour.

FABIO, SILVANIRE, VALERE & MERLIN.
Il faut que l'Hymen repare
Les fautes que fait l'Amour.

On entend un prelude.

FABIO.

Qu'entens-je?

L'ORDONATEUR.

Ces concerts nous annoncent la Fête
Que pour Argant par mon ordre on aprête.

VALERE.

Ces Jardins qu'il avoit difpofez pour des Jeux
Verront triompher ma tendreſſe.
Achevons ici ce jour heureux,
Profitons des plaifirs que mon Rival nous laiſſe.

A L'ORDONATEUR *de la Fête & à ſa ſuite.*

Vous qui de mon bonheur devenez les témoins,
Allez, comptez fur moi pour le prix de vos foins.

SCENE DERNIERE.

LE TRIOMPHE DE LA FOLIE SUR TOUS LES AGES.

La Ferme s'ouvre, & le Theatre represente au fonds un Amphitheatre de verdure orné de Fleurs & de Girandoles, occupé par les Ages & les sujets Favoris de la Folie. Son Trône isolé & caracterisé est placé au milieu ; elle y est gardée par ses Matassins & environnée par Arlequin, Polichinel & autres Personnages comiques.

Un Acteur de la fête.

O Puissante Folie, acceptez nos hommages,
Votre empire est égal à celui de l'Amour :
Vous sçavez comme lui regner sur tous les Ages,
Comme lui vous avez une nombreuse Cour.

Triomphez charmante Folie,
Chez vous tous les plaisirs sont toujours de saison ;
Triomphez charmante Folie,
Les momens qu'on dérobe à la triste raison
Sont les plus doux de notre vie.

F iij

 LES AGES,

CHOEUR.

Triomphez charmante Folie,
Chez vous tous les plaifirs font toujours de faifon;
Triomphez charmante Folie,
Les momens qu'on dérobe à la trifte raifon
Sont les plus doux de notre vie.

Les Mataſſins danſent.

LA FOLIE.

Rien fur la Terre & dans les Cieux
N'égale ma gloire immortelle:
J'étens mon pouvoir en tous lieux
Malgré la fageſſe rebelle,
Et le fier fouverain des Dieux
Eft mon fujet le plus fidelle.

Danſe des Ages.

SILVANIRE.

Douce Folie, Amour conftant,
Tu fais le bonheur de mon ame,
Joüis d'un triomphe éclatant
Que ta gloire égale ma flâme.
Une tendre & fidelle ardeur
De tes Favoris eft le gage;
Quand tu n'eftimes pas un cœur
Tu lui permets d'être volage.

Douce Folie, Amour conftant,
Tu fais le bonheur de mon ame;
Joüis d'un triomphe éclatant,
Que ta gloire égale ma flâme.

Danfe.

Un Acteur de la Fête.

Cara follia
Dentro il mio core
Con fommo ardore
Sempré farai.

Lo ftuolo immenfo
De tuoi feguaci
Sebben audaci
D'al mio Valore
Vinti vedrai.

Cara Follia
Dentro il mio core
Con fommo ardore
Sempré farai.

CHOEUR.

Chantons, celebrons les faveurs
De la Divinité qui regne sur nos cœurs.
L'Univers enchanté l'adore ;
Elle a mille Autels dans des lieux
Où l'on ignore
Tous les autres Dieux.

F I N.

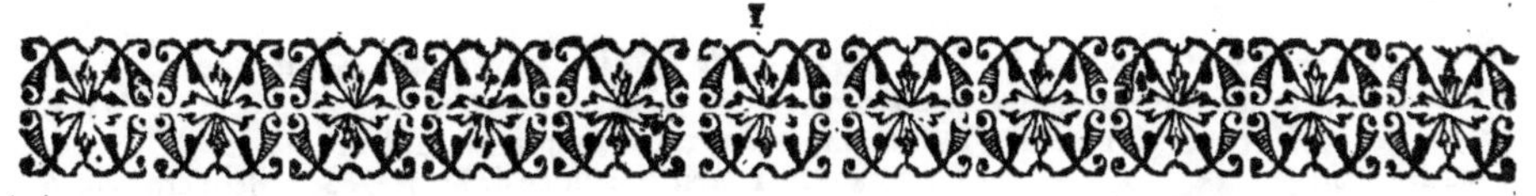

CATALOGUE

DES LIVRES NOUVEAUX
qui fe vendent à Paris chez PIERRE RIBOU, feul Libraire
de l'Académie Royale de Mufique, Quay des Auguftins, vis-à-vis
la defcente du Pont-Neuf, à l'Image S. Loüis.

Dictionaire pratique du bon Menager de Campagne & de Ville, qui apprend generalement la maniere de nourrir, élever & gouverner, tant en fanté que malades, toutes fortes de Beftiaux, Chevaux & Volailles ; de fçavoir mettre à fon profit tout ce qui provient de l'Agriculture ; de faire valoir toutes fortes de Terres, Prez, Vignes & Bois ; de cultiver les Jardins, tant Fruitiers, Potagers, que Jardins Fleuriftes ; de conduire les Eaux, & faire generalement tout ce qui convient aux Jardins d'Ornemens : Avec un Traité de tout ce qui concerne la Cuifine, les Confitures, la Pâtifferie, les Liqueurs de toutes fortes ; les Chaffes differentes, la Pêche, & autres divertiffemens de la Campagne ; les mots Latins de tout ce qu'on traite dans ce Livre, & quelques Remarques curieufes fur la plûpart ; le tout en faveur des Etrangers, & de tous ceux qui fe plaifent à ces fortes de lectures. Ouvrage tres-utile dans les Familles. Par le Sieur *Loüis Liger*, in 4. 2. vol.   10.l.

Abregé Chronologique de l'Hiftoire de France, *par le Sieur de Mezeray*, Hiftoriographe de France. Nouvelle édition, augmentée de l'origine des François, & de leur établiffement dans les Gaules ; de l'état de la Religion, & de la conduite de l'Eglife dans les Gaules jufqu'au règne de Clovis, & de la Vie des Reines que l'on a tirée de fa grande Hiftoire imprimée en 1685. en 3. vol. in folio. In quarto 3. vol.   25. l.

——— Idem in 12. 10. vol.   25. l.

Numifmata Ærea Imperatorum, Auguftarum & Cæfarum in Coloniis, municipiis, & urbibus, jure latio donatis, ex omni modulo percuffa, Auctore Joanne Foy-Vaillant Bellovaco, Doctore Medico, & Sereniffimi Ducis Cenomanenfium Antiquario Parif. excufa, in fol. 2. vol. 36.l.

Vies des Saints, *par Ribadeneira, fol. 2. vol.* 15.l.

Les Loix Civiles dans leur ordre naturel, le Droit public, & *Legum delectus, fol. 2. vol.* 20. liv.

——— Les mêmes, in 4. 6. vol.   36.l.

L'Art de Tourner, ou de faire en perfection toutes fortes d'Ouvrages au Tour : ouvrage tres-curieux & tres-neceffaire à ceux qui s'exercent au Tour ; Latin & François, *fol.* 15.l.

Œuvres diverfes du Sieur D.... avec un Recüeil de Poëfies choifies de M. de B... 2. vol. in 12.   5.l.

Traité de la Police où l'on trouvera l'hiftoire de fon établiffement, les fonctions & les prérogatives de fes Magiftrats, toutes les Loix & tous les Reglemens qui la concernent. On y a joint une defcription Topographique de Paris & huit plans gravez qui reprefentent fon ancien état & fes divers accroiffemens ; avec un Recüeil de tous les Statuts & Reglemens des fix Corps des Marchands & de toutes les Communautez des Arts & Métiers, *fol.* 2. vol.   50.l.

Les Œuvres de M. de la Mothe le Vayer, in 12. 15. vol.   36.l.

Le Diable Boiteux, *in 12.*   2 l.

Les confeils de la Sageffe, contenant les Maximes de Salomon les plus neceffaires à l'homme pour fe bien conduire foi-même, *in 12. 2. vol. 1714.*   4.l. 10.f.

Amufemens ferieux & comiques, par M. du Frefny. *in 12.*   1.l. 10. f.

Les Œuvres *de Clement Marot de Cahors, Valet de Chambre du Roi*, revüës & augmentées de nouveau, *in 12. 2. vol.*   6. l.

Hiftoire de l'admirable Dom Quichotte de la Manche, *in 12. 6. vol. avec figures*, nouvelle Edition, continuée jufqu'à fa mort.   15.l.

La Vie de Guzman d'Alfarache, traduite de l'Efpagnol, enrichie de figures, in 12. 3. vol.   7.l 10.f.

Œuvres mêlées *de M. de Saint Evremond*, nouvelle Edition augmentée fur celle de Lon-

dres, *in* 12. 7. *vol.* 15. l.
Lucien de la Traduction *de M. d'Ablancourt,*
avec des Remarques sur cette Traduction,
in 12. 3. *vol.* 6. l.
Traduction des Satyres de Perse & de Juvenal,
par le R. P. Tarteron de la Compagnie de Je-
sus, nouvelle Edition, corrigée & augmentée, 1714. 2. l. 10. f.
Fables choisies, mises en Vers *par M. de la*
Fontaine, enrichies de figures, *in* 12. 5. vol.
10. l.
Les mêmes en un Volume, 3. l.
Histoire de la conquête du Mexique, ou de la
Nouvelle Espagne, *par Fernand Cortez,* traduite de l'Espagnol, *in* 12. 2. *vol.* nouvelle
Edition, avec figures. 5. l.
Histoire de la découverte & de la conquête
du Perou, traduite de l'Espagnol, *in* 12. 2. *vol.*
avec figures. 4. l. 10. f.
Les Delices de l'Italie, contenant une descrip-
tion exacte du Pays, des principales Villes,
de toutes les antiquitez, & de toutes les ra-
retez qui s'y trouvent; Ouvrage enrichi d'un
tres-grand nombre de figures, *in* 12. 4.
vol. 12. l.
Instructions pour les Jardins fruitiers & potagers, avec un Traité des Orangers, & des reflexions sur l'Agriculture. *Par M. de la*
Quintinie, Directeur des Jardins Fruitiers
& Potagers du Roi; avec une nouvelle in-
struction pour la culture des Fleurs. Nouvelle édition, augmentée de la culture des
Melons, de la maniere de tailler les Arbres
fruitiers, d'un Dictionaire des Termes dont
se servent les Jardiniers en parlant des Arbres, & d'une Table des matieres, 1716.
in 4º. 2. *vol.* 12. l.
Nouvelle de Miguel de Cervante, 2. liv.
Les Œuvres de Lucrece, Traduct. nouvelle,
augmentée de nouvelles remarques *du Ba-*
ron des Coûtures, in 12. 2. *vol.* 5. l.
Traité historique des Monnoyes de France, *par*
M. le Blanc, in 4. avec 100. figures, contenant
les empreintes des differentes Monnoyes,
9. l.
Traduction nouvelle de Roland l'Amoureux,
par M. le Sage, 2. vol. *in* 12. ornez de figures, 5. l.
Les Œuvres de Virgile en Latin & en François, *par M. de Martignac,* 3. *vol. in* 12. nouvelle Edition, 6. l.
Traduction nouvelle des Odes d'Anacreon,
par M. de la Fosse, seconde édition, augmentée de deux Odes, l'une de Pindare & l'autre d'Horace, *in* 12. 2. l. 10. f.
Nouvelle Grammaire Espagnole, *par M. Perger,*
in 12. 2. l. 5. f.
Histoire universelle ou Traduction nouvelle

de Justin, avec des Remarques, *in* 12.
2. *vol.* 5. l.
Voyage d'Alep à Jerusalem, *in* 12. 2. l.
L'Arithemetique de M. le Gendre, derniere édition
1718. augmentée de la maniere de compter aux
Jettons, *in* 12. 2. *liv.* 10. f.
Le Comte de Cardonne, *in* 12. 1. l. 16. f.
Nouvelle Explication des Fables & Dieux de l'antiquité, *in* 12. 3. *vol.* 7. l. 10. f.
Le Jeu de l'Hombre, augmenté des Décisions
nouvelles, & des Regles sur les incidens de
ce Jeu, avec la maniere de marquer à la Bavaroi-
se nouvelle édition. *in* 12. 1. l. 10. f.
La Vie de M. de Moliere, *in* 12. 2. l.
Histoire de la Virginie, contenant celle de son
établissement & de son gouvernement jusqu'à present, les productions naturelles du
Pays, la Religion, les Loix & les Coutumes
des Indiens naturels, *par un Auteur natif &*
habitant de ce pays-là, in 12. enrichie de figures en taille-douce, 2. l. 5. f.
Ecole parfaite des Officiers de Bouche, qui
enseigne les devoirs du Maître-d'Hôtel &
du Sommelier, la maniere de faire les Confitures seches & liquides, les Liqueurs, les
Eaux, les Parfums, la Cuisine, à découper
les Viandes, & à faire la Pâtisserie; *huitié-*
me Edition, corrigée & augmentée des Pâtes
nouvelles, & des nouveaux Ragoûts qu'on
sert aujourd'hui: Avec des modeles pour
dresser les Services de Table, *in* 12. 1715.
2. l. 5. f.
Les Œuvres de M. le Noble, Baron de S. George,
contenant Zulima, Mylord Courtenay, l'Ecole
du Monde, l'Histoire de l'établissement de la
République d'Hollande, Relation de l'Etat de
Genes, Abramulé, Ildegerte, ses Pasquinades,
Epicaris ou l'histoire secrette de la conjuration
de Pison contre Neron, & celle des Pazzy contre les Medicis, ses Promenades, ses Contes,
Fables & Poësies, les Avantures Provinciales,
ou le Voyage de Falaise, l'Avare genereux, la
fausse Comtesse d'Isamberg, Esope Comedie,
Uranie ou le Tableau des Philosophes, Dissertation sur la Naissance de Jesus-Christ, l'Esprit
de David, avec la traduction de ses Pseaumes
& de courtes Reflexions. 19. *volumes in* 12. 38. l.
L'Ambiguë d'Auteüil, ou veritez historiques,
composées du Joüeur, du Nouvelliste, du
Financier, du Critique, de l'Inconnu, du
Sincere, du Subtil, de l'Hypocrite, & de
plusieurs autres personnages de differens
caracteres, *in* 12. 1. l. 5. f.
Les Avantures d'Apollonius de Tyr, livre rempli d'evenemens, & écrit dans le même stile
que Telemaque, *par M. le B* .... *in* 12. 2. l.
Le Voyageur Fidele, ou le Guide des Etrangers dans la Ville de Paris; qui enseigne

tout ce qu'il y a de plus curieux à voir : les noms des Ruës, des Fauxbourgs, Eglifes, Monafteres, Chapelles, Places, Colleges, & autres particularitez que cette Ville renferme ; les Adreffes pour aller de quartiers en quartiers, & y trouver tout ce qu'on fouhaite, tant pour les befoins de la vie, que pour autres chofes : Avec une Relation en forme de Voyage, des plus belles Maifons qui font aux environs de Paris : le tout pour l'ufage & l'utilité des Etrangers, *in* 12. 2. l. 5. f.

Abregé de Geographie, & de tout ce qu'il y a de plus remarquable dans chacune des quatre grandes parties de la Terre, particulierement dans l'Europe & dans le Royaume de France: le tout mis en ordre pour pouvoir être appris & retenu facilement par cœur, avec les routes des poftes de France & d'Efpagne, dedié à S. A. S. Monfeigneur le Prince de Dombes, *par M. Poncein, in* 12. 1. l. 5. f.

L'Eloge de la Folie, composée en forme de Déclamation *par Erafme de Roterdam*, avec quelques Notes de l'hiftoire & les belles figures de Holbeñius : le tout fur l'original de l'Académie de Bâle ; piece qui reprefentant au naturel l'homme tout défiguré par la fotife, lui apprend agreablement à rentrer dans le bon fens, Traduction nouvelle ; *par M. Guedeville*, *in* 12. 5. l.

Hiftoire des fept Sages, *par M. de Larrey, in* 12. 2. *vol*. 5. l.

Recuëil de bons mots des anciens & des modernes, nouvelle Edition augmentée, 2. l.

THEATRE DE MESSIEVRS

Corneille, nouvelle Edition, augmentée & enrichie de figures en taille douce, 10. *vol. in* 12. 25. l.
Racine, nouvelle Edition, 2. *vol. in* 12. 6. l.
Campiftron, nouvelle Edition, augmentée d'une Tragedie & d'une Comedie, & ornée de figures, 4. l.
De la Fofle, avec fes Poëfies, 2. *vol*. 5. l.
Crébillon, augmenté de Semiramis, 4. l.
Pradon, 3. l.
De la Grange, augmenté d'Ino & Melicerte, Tragedie, 2. l. 10. f.
Moliere, 8. *vol*. nouvelle Edit. 1718. augmentée de fa Vie, avec de nouvelles Remarques. 15. l.
Dancourt, 9. *vol*. nouvelle Edition, augmentée de plufieurs Pieces qui n'avoient point été imprimées dans les Editions précedentes, avec figures & mufique, 18. l.
Reguard, 2. *vol*. 5. l.
De la Font, 2. l.
De Hauteroche, 2. l. 10. f.
De Nericaut Deftouches, 2. *vol*. 5. l.

De Baron, 3. l.
De Legrand, 2. l. 10. f.
Palaprat, feconde Edition, augmentée de plufieurs Comedies qui n'ont pas encore été imprimées, & d'un Recuëil de Pieces en Vers, 2. *vol*. 5. l.
De Riviere, 2. l. 10. f.
Boindin, 2. l.
De Champ-Mêlé, 2. l.
De Montfleury, 2. *vol*. 5. l.
De Roufleau, un *vol*. 2. l. 10. f.
De Mademoifelle Barbier, 2. l. 10. f.
Quinault, nouvelle Edition, augmentée d'un abregé de fa Vie, d'une Differtation fur fes Ouvrages, & de l'origine de l'Opera, & de fes Opera, *in* 12. 5. *vol*. ornez de figures, 12. l. 10. f.
Theatre François, ou Recuëil des meilleures pieces de Theatre des anciens Auteurs, *in* 12. 3. *vol*. 7. l. 10. f.
Theatre Lyrique avec une Préface où l'on traite du Poëme de l'Opera, & la Réponfe à une Epître Satyrique contre ce fpectacle, *par M. le Br. in* 12. 2. l.

Pieces nouvelles & féparées.

Mahomet II.
Idomenée.
Atrée.
Electre.
Caton d'Utique.
Abfalon.
Cyrus.
Geta.
Les Tyndarydes.
Saül.
Médée.
Herode. } *Tragedies.*
Ino & Melicerte.
Polydore.
La mort d'Ulyfle.
Muftapha.
Jonathas.
Habis.
Agrippa, ou le faux Tiberinus.
Marius.

Le Curieux Impertinent.
Les Agioteurs.
L'Amour Charlatan.
Le Naufrage.
Danaé.
Turcaret.
Crifpin Rival. } *Comedies.*
Le Jaloux defabufé.
Les Métamorphofes.
L'Amour vangé.
Efope à la Ville.
L'Ufurier Gentilhomme
Efope à la Cour.

Les Fêtes du Cours. \
Le Verd Galant. \
Sancho Panfa Gouverneur. \
La Devinereffe. \
L'Impromptu de Surefne. } **Comedies.** \
Les trois Freres Rivaux. \
La Coquette de Village, \
ou le Lot fupofé. \
La Coupe enchantée. \
L'Aveugle clairvoyant.

Les Airs notez des Comedies Françoifes, *par* \
M. *Gilliers*, in 4. 9. l.

Medée. \
Les Amours déguifez. \
Arion. \
Telephe. \
Les Fêtes de Thalie. \
Telemaque. \
Les Plaifirs de la Paix. \
Theonoé. } **Opera** \
Ajax. } **en paroles.** \
Les Plaifirs de l'Eté. \
Ariane. \
Hypermneftre. \
Camille. \
Iffé. \
Le Jugement de Pâris.

Telephe, Opera, noté, 7. l. 10. f. \
Medée, noté, 8. liv. \
Les Plaifirs de la Paix, noté, 8. l. \
Le quatriéme Livre des Morets *de M. Campra*, 5. l.

Et toutes les autres Pieces de Theatre tant anciennes que nouvelles.

Le onziéme volume des Opera, *fous preffe.* \
Le nouveau Theatre Italien, 2. *vol.* 6. liv. \
Lettres de Voiture, *in* 12. 2. *vol.* 5. l. \
Lettres de Vaumoriere, *in* 12. 2. *vol* 5. l. \
Œuvres de M. Defpreaux, avec des éclairciffemens hiftoriques donnez par lui-même, 2. vol. in 4. \
——— *Idem* Grand papier, 12. l. \
——— *Idem* in 12. 4. vol. 18. l. \
8. l. \
La Connoiffance parfaite des Chevaux, contenant la maniere de les gouverner, nourrir & entretenir en bon corps, & de les confer-

ver en fanté dans les voyages ; avec un détail general de toutes leurs maladies, des fignes & des caufes d'où elles proviennent, des moyens de les prévenir, & de les en guerir par des remedes experimentez depuis long-tems, & à la portée de tout le monde. Jointe à une nouvelle inftruction fur le Haras, bien plus étenduë que celles qui ont paru jufqu'à prefent, afin d'élever de beaux Poulains pour toutes fortes d'ufages. On trouve auffi dans ce Livre l'Art de monter à Cheval, & de dreffer les Chevaux de Manége, tirée des meilleurs Auteurs qui en ont écrit. Le tout enrichi de figures en taille douce, *in* 8. 3. l. 10. f.

Lettre à M. de ..... fur l'origine des anciens Rois ou Dieux d'Egypte ; qui explique ce qui a donné lieu aux Fables des Dieux de l'Antiquité, brochure *in* 12. 1. l.

La Rivale traveftie, *in* 12. 2. l.

Nouveau Recuëil des plus beaux Secrets de Medecine pour la guérifon de toutes fortes de maladies, bleffures & autres accidens qui furviennent au corps humain, & la maniere de préparer facilement dans les Familles, les remedes & les médicamens qui y font neceffaires, avec un Traité des plus excellens préfervatifs, contre la pefte, fiévres peftilentielles, pourpre, petites veroles, & toutes fortes de maladies contagieufes. donnez par une perfonne charitable, augmentez des veritables Secrets naturels de M. Lemery, qui regardent la nature & l'art, avec d'autres Secrets fort curieux, & tirez de ce qu'il y a de meilleurs Auteurs en ce genre. 2. *vol.* in 12. 5. l.

Hiftoire de Gilblas de Santillanne, par M. le Sage, 2. édition, 2. *vol.* in 12. ornée de Figures. 5. l.

L'Imitation de Jefus-Chrift en vers, *par M.* Corneille, in 12. ornée de figures, 3. liv.

Anecdotes du Miniftere du Cardinal de Richelieu, & du Regne de Loüis XIII. avec quelques particularitez, du Commencement de la Regence d'Anne d'Autriche. 2. *vol.* in 12. 5. l.